AF453148

DE

LA SAVONNERIE

MARSEILLAISE

DE

LA SAVONNERIE

MARSEILLAISE

PAR

M. JULES ROUX

FABRICANT DE SAVON

MEMBRE ACTIF DE LA SOCIÉTÉ DE STATISTIQUE DE MARSEILLE

Mémoire lu à la Société de Statistique de Marseille

MARSEILLE

TYPOGRAPHIE ET LITHOGRAPHIE CAYER ET Cie

IMPRIMEURS DE LA SOCIÉTÉ DE STATISTIQUE

RUE SAINT-FERRÉOL, 57.

1868

LA SAVONNERIE

MARSEILLAISE

Pour briguer l'honneur d'être admis dans votre savante Société , j'ai besoin de compter sur votre extrême bienveillance, et j'espère qu'elle ne me fera pas défaut dans l'appréciation de ce travail.

La savonnerie est, sans contredit, une des industries les plus anciennes et les plus importantes de notre ville. Je vais essayer de vous en tracer : *l'historique depuis son introduction en France jusqu'à nos jours ; les causes de son développement graduel pendant cette longue période où elle était arrivée à exercer un véritable monopole ; enfin, son état actuel résultant du progrès général et de l'application des idées économiques modernes.*

Les peuples les plus anciens ont connu le savon ; il

en est question dans les livres sacrés et dans les auteurs grecs et latins. — Pline en fait mention dans son histoire naturelle : *Prodest et sapo*, dit-il, *Galliarum hoc inventum rutilandis capillis. Fit ex sebo et cinere. Optimus fagino et caprino ; duobus modis, spissus ac liquidus.*

D'après cette définition assez vague, il est facile de voir que c'était un simple amalgame d'alcali tiré des cendres de bois ou de quelque plante marine, avec une graisse quelconque. Il n'y a jamais eu dans l'antiquité un ensemble de moyens constituant un procédé uniforme et régulier, et conduisant à un produit déterminé.

Le besoin d'un véritable savon se fit sentir seulement quand l'usage du linge se généralisa. L'idée, si naturelle aujourd'hui, que, pour dissoudre ou émulsionner un corps gras, déposé sur le linge par la transpiration ou d'autres causes, il faut employer un corps gras, paraissait fort étrange au premier abord. Ce n'est qu'avec le temps que la connaissance des principes scientifiques sur la solution a pu la mettre en évidence et faire apprécier le véritable rôle du savon dans l'économie domestique.

Cette fabrication se révéla à l'état d'industrie au commencement du dix-septième siècle, dans une petite ville d'Italie appelée *Savone*, et obtint bientôt une réputation telle, que Gênes et quelques autres villes d'Italie se l'approprièrent.

Il est à regretter que le nom de l'inventeur ne soit pas venu jusqu'à nous, car le procédé au moyen duquel on a fabriqué pendant si longtemps en Italie, en France, en Espagne, le produit si universellement connu qu'on nomme *savon blanc* et *savon marbré*, a été tellement complet dès l'origine, que rien d'essentiel n'y a été changé. Aujourd'hui même que la soude factice a remplacé la soude naturelle, la vapeur le feu nu, et que tous les corps gras d'origine animale et végétale ont trouvé accès dans nos chaudières, tout ce qui est relatif au procédé industriel est resté le même. — Tel qu'il est, ce procédé est encore supérieur à ceux que la concurrence a fait surgir dans ces derniers temps et décorés du nom de progrès. J'espère vous le prouver dans le cours de ce travail.

La savonnerie fut introduite en France sous l'administration de Colbert. Elle s'établit d'abord à Toulon, et le choix de cette localité, à côté des contrées qui produisent l'huile d'olive, indique que le grand ministre se préoccupait surtout de procurer un débouché nouveau aux produits du sol. Il avait également en vue de donner du travail aux ouvriers nationaux à l'exclusion des étrangers; car, quelques années plus tard, Louis XIV rendit un arrêt dans le but de constituer un *monopole pour la fabrication du savon en faveur d'un sieur Rigal, de Lyon*, à la condition qu'il n'emploierait que des ouvriers nationaux et des huiles nationales,

Ce décret, qui avait soulevé des tempêtes à son apparition, et ne fut enregistré au parlement d'Aix que sur injonction royale, ne dura que deux ans, et la force des choses en fit justice. Le sieur Rigat *perdit son privilège* par un arrêté du 10 *octobre* 1669.

L'industrie savonnière, libre de choisir son milieu le plus convenable, *vint s'établir à Marseille*, et put enfin se développer suivant les besoins de l'époque; car Marseille, par son important commerce avec les pays producteurs d'huile d'olive et les avantages qu'offrait son grand marché, était, pour cette fabrication spéciale dans des conditions incontestables de supériorité.

Un fait que je suis heureux de signaler, c'est que la fabrication du savon par le procédé de Savone n'était plus à cette époque un secret pour personne. A Gênes il avait été appliqué dès l'origine et les Gênois s'y étaient acquis une grande réputation. Dans plusieurs villes d'Espagne, et à Alicante principalement, il avait été mis en pratique.

Malgré cette concurrence, c'est à Marseille seulement que la savonnerie a pris cet immense développement qui s'est maintenu pendant deux siècles et qui a fait donner le nom de notre ville à son produit.

Je serais très-heureux d'attribuer ce résultat au mérite

des fabricants qui nous ont précédés ; mais, en étudiant attentivement la marche de l'industrie depuis Colbert jusqu'à nos jours, on est forcé de reconnaître que la réglementation sévère à laquelle elle a été soumise dès l'origine, n'y a pas été étrangère, en la maintenant dans l'observation rigoureuse du procédé normal et de la bonne qualité du produit.

L'exemple de Gênes en est une preuve évidente ; car, malgré les plus héroïques sacrifices (1), cette ville ne put jamais reprendre la suprématie qu'elle avait eue un moment et que la fraude lui avait fait perdre.

En France, à plusieurs reprises, nous avons été menacés du même danger, et c'est toujours par la législation que nous en avons été préservés. Dès 1688 un édit du 5 *octobre* est rendu par Louis XIV pour réglementer la fabrication jusque dans ses moindres détails ; en voici le résumé :

« Le roi ayant été informé que la mauvaise qualité des
« savons qu'on fabrique en Provence, en a considérable-
« ment diminué le débit, qui était très-grand, et que
« l'altération qu'on y fait pour le poids et les défauts qui
« s'y rencontrent, pour le peu de soin qu'on a de préparer
« les matières, a pu donner lieu aux étrangers d'attirer et

(1) Pour remédier au mal et ramener les fabricants dans la bonne voie, le Sénat de Gênes fit brûler sur la place publique une quantité considérable de savons fraudés.

« d'établir cette manufacture chez eux. Ce que S. M. dé-
« sirant empêcher, Elle a résolu, pour remédier aux
« abus qui se sont introduits, de remettre cette fabrique
« dans sa perfection et ordonne ce qui suit :

« 1° Les manufactures de savon de quelque qualité
« qu'elles soient, *cesseront entièrement pendant les mois*
» *de juin, juillet et d'août* de chaque année à peine de
» confiscation du savon.

« 2° Les huiles nouvelles ne pourront être employées
« en cette manufacture avant le premier mois de chaque
« année, aussi à peine de confiscation de la marchandise.

« 3° Il est défendu de se servir dans la fabrique du sa-
« von avec la barille soude ou cendres, d'aucune graisse,
« beurre ou autres matières, mais seulement des huiles
« d'olive pures, sans mélange de graisse, à peine de
« confiscation.

Art. 13.— Les communautés des villes de la Provence,
« où il y a des fabriques de savon, nommeront tous les
« ans deux des principaux négociants et entendus dans
« cette matière pour veiller dans lesdites villes et dans
« l'étendue de leur territoire à l'entière exécution des
« articles ci-dessus, et lorsqu'ils trouveront des fabricants
« ou marchands qui auront contrevenu, ils les dénonce-
« ront aux juges ordinaires pour être punis suivant
« l'exigence des cas. »

C'est là l'origine du conseil des Prud'hommes.

Le 19 février 1754, une loi sur les *marques de fabrique* vint encore stimuler le zèle des fabricants en faisant ressortir leurs personnalités :

« Tous les fabricants de savon seront tenus de marquer
« les susdits savons blancs et marbrés de la marque qu'ils
« auront choisie, dont ils déposeront un double au greffe
« du juge des manufactures des lieux où leur manufac-
« ture sera établie. »

La fabrication prit alors une certaine importance et, d'après les renseignements que j'ai recueillis, on pouvait évaluer sa production à 16,320,000 kilogrammes, d'une valeur de *douze millions* de francs.

Mais la défense de fabriquer pendant les mois de juin, juillet et août ne pouvait manquer de provoquer des réclamations. Laisser pendant un quart de l'année les usines et les capitaux improductifs, condamner pendant le même temps les ouvriers à l'oisiveté, nous paraît aujourd'hui une véritable monstruosité.

On revint sur cet arrêt, et la liberté fut rendue à l'industrie ; mais de nouvelles plaintes s'élevèrent, et un arrêté du conseil du **28** *février* 1760 ordonna de nouveau la fermeture des usines pendant trois mois.

Ces changements de législation n'avaient pas pour cause les griefs allégués. De 1754 à 1760 les guerres acharnées, auxquelles l'Europe était livrée, avaient ralenti le mouvement commercial et diminué la plupart des débouchés. C'est à ce motif qu'il eût été plus rationnel d'attribuer le ralentissement de la savonnerie. On crut remédier au mal en redemandant l'*interruption du travail pendant trois mois*.

Il est évident que le malaise d'une industrie, provenant le plus souvent de ce que sa production dépasse la consommation, on rétablit l'équilibre et on ranime la demande en arrêtant cette production pendant un temps. Mais c'est un remède empirique, car on augmente les frais de production, on prive l'ouvrier de travail et on fait renchérir le produit au détriment du consommateur.

Malgré ces entraves accidentelles, la savonnerie suivit une marche ascendante, et atteignit, en 1789, une production annuelle de trente millions de francs, d'après l'évaluation de Chaptal.

Ici finit la première grande période de l'industrie savonnière, et nous n'hésitons pas à attribuer son développement successif à la rigueur de la législation qui l'avait régie jusqu'alors et qui maintint l'intégrité du procédé.

D'ailleurs, la preuve de ce que nous avançons ne tarda pas à se produire. — La révolution, en faisant table rase de toutes les anciennes lois protectrices, et en proclamant le régime illimité de la liberté industrielle, engendra bientôt la fraude et une foule d'abus; la qualité du produit marseillais fut détériorée et les consommateurs poussèrent de tous côtés des cris de détresse.

Dès 1790, ce sont les lavandières et blanchisseuses qui adressent leurs doléances aux États généraux (1).

En 1791 (14 octobre), c'est le conseil municipal lui-même qui écrit à l'assemblée législative pour réclamer des mesures de répression (2).

(1) « C'est contre la fabrication du savon blanc que nous avons à
« nous plaindre: c'est contre ces malfaiteurs qui le vicient d'une
« augmentation de poids: c'est contre ces âmes intéressées qui,
« franchissant toutes les bornes de l'humanité, ne craignent pas
« d'établir leur fortune sur le plus pur sang de la plus basse popula-
« tion. — Ces déloyaux fabricants de savon blanc incorporent dans
« le savon de 25 et 40 p. % d'augmentation de poids par le moyen de
« l'eau empreinte de quelques sels légers de soude et, levant par ce
« moyen au consommateur l'espérance qu'il peut attendre de son
« labeur, il ne trouve plus dans ce savon vicié l'usage qu'il lui pro-
« curerait s'il était intact, et le second dommage c'est qu'il en paye
« une livre et n'en reçoit que trois quarts, et souvent moins.

(2) « La bonne foi dans la fabrication des savons qui se vendent
« dans les places publiques et qui sont un objet de consommation
« journalière, est-elle moins intéressante pour la société que la
« bonne foi dans le débit des autres denrées? Est-il moins important
« pour l'intérêt national de veiller à la bonne fabrication du savon,
« qui, dans la seule ville de Marseille, roule sur 36 millions d'entrée
« ou de sortie, que de veiller à la fidélité du titre des ouvrages d'or-
« fèvrerie? Il est sans doute très-important de conserver cette bran-

Le mal est général et il a fallu bien peu de temps pour le produire. — Quand cessera-t-il ? — Seulement quand une nouvelle législation protectrice de la bonne fabrication viendra remettre en vigueur les procédés normaux.

Il y eut quelques tentatives pour arriver à ce but sous le consulat.

La loi *du* 8 *floréal an* xi vint donner une certaine impulsion à l'industrie en arrêtant que : « Les négo-
« ciants qui présenteront des savons à l'exportation à
« l'étranger et qui justifieront avoir payé des droits sur
« les huiles importées dans l'année, seront remboursés
« des trois quarts desdits droits dans la proportion des
« huiles qui entrent dans la fabrication des savons à
« exporter. »

C'est l'origine du *Drawback*.

Cette institution mit les fabricants à même de lutter

« che de notre commerce et l'on ne peut l'espérer si l'on bannit de
« cette fabrication la bonne foi, si on laisse la fraude impunie, si on
« autorise les vols faits au consommateur. — Législateurs, la fabrica-
« tion du savon mérite une attention particulière puisqu'elle forme
« une branche essentielle de l'industrie nationale. Marseille est en
« possession de ce commerce; elle vous sollicite d'en proscrire la
« fraude et cette réclamation se présente avec un caractère de justice
« qui ne permet pas de douter qu'elle ne soit favorablement accueillie.
« *Signé :* Mouraille, Vernet, Corail, Nitard, Alléon, Lagué, Fabre.
« Lemarchant, Bertrant, Champie, Audibert, Boulouvart, Besson,
« Mossy, Baudoin et Seystres. »

avantageusement avec les divers savons fabriqués à l'étranger ; — ce n'était pourtant ni une *faveur* ni une *protection* mais le *remboursement* pur et simple des droits payés sur les huiles employées.

Mais, pour garantir notre industrie de l'abîme vers lequel elle était entraînée par l'abandon des anciennes règles, il fallait une nouvelle législation qui la remît dans la bonne voie. Napoléon atteignit ce but par les décrets de 1811 et 1812.

Une marque particulière était imposée aux fabricants pour les différents savons.

Ces marques devaient porter en toutes lettres les mots : *huile de graines*, ou *suif*, *graisse*, selon la composition.

La fabrique de Marseille eut pour les savons faits à l'huile d'olive une marque spéciale présentant un *Pentagone* et portant les noms du fabricant et de la ville.

Ces décrets, qui nous ont régis jusqu'à ce jour, sont trop importants pour que nous ne les donnions pas en entier :

Décret tendant à prévenir ou à réprimer la fraude dans la fabrication des savons (1ᵉʳ avril 1811).

« Vu les représentations de la Chambre de commerce

« de Marseille touchant les fraudes pratiquées dans la
« formation du savon ;

« Vu les édits et arrêts du conseil sur le même objet,
« des 5 octobre 1688, 19 février 1754, et 20 février 1760 ;

« Voulant laisser au perfectionnement de l'industrie
« toute son étendue, et aux inventeurs de nouveaux
« procédés toute leur liberté ;

« Entendant en même temps prévenir toute fraude
« au préjudice de nos sujets consommateurs et de la
« confiance qu'il importe d'obtenir pour le commerce
« de notre empire dans ses rapports avec les étrangers,
« notre conseil d'État entendu, nous avons décrété et
« décrétons ce qui suit :

« Art. 1er. — Tout fabricant de savon dans l'étendue
« des terres de notre domination, sera tenu d'apporter
« sur chaque brique de savon sortant de sa fabrique
« une marque déposée au tribunal de commerce et au
« secrétariat du conseil des prud'hommes selon l'article
« 18 du 22 germinal an xi, et l'article 7 du 20 fé-
« vrier 1840.

« Art. 2. — Cette marque sera différente pour le
« savon fabriqué à l'huile d'olive, pour celui fabriqué à
« l'huile de graines, et pour celui fabriqué au suif et à
« la graisse.

« Art. 3. — Tout savon non marqué, ou tout savon

« marqué comme savon à l'huile quoiqu'il soit à la
« graisse ou marqué d'une fausse marque, sera saisi
« dans les magasins des fabricants ou chez les mar-
« chands, à la diligence des prud'hommes, de tout
« officier de police municipal et judiciaire, ou à la
« réquisition de toute partie intéressée. La confiscation
« en sera prononcée par les autorités compétentes,
« moitié au profit des hospices, moitié au profit des
« officiers de police ou des parties requérantes, sans
« préjudice d'une amende qui ne pourra excéder trois
« mille francs et sera doublée en cas de récidive ou
« d'autres peines portées par les lois et réglements.

« **ART. 4.** — Tout fabricant convaincu, par la décom-
« position, d'avoir fraudé dans la fabrication du savon
« par l'introduction d'une quantité surabondante d'eau
« ou de substances propres à en altérer la qualité, sera
« poursuivi et son savon confisqué, comme il est dit
« dans l'article précédent, sans préjudice des dom-
« mages et intérêts s'il y a lieu.

« **ART. 5.** — Les prud'hommes des villes où il y a des
« fabriques de savon auront sur les magasins où le
« savon fabriqué se dépose ou dans les lieux de débit, le
« droit d'inspecter pour l'exécution des articles précé-
« dents, indépendamment de la juridiction qui leur est
« attribuée par les lois et réglements.

« Art. 6. — Le présent décret n'est applicable qu'aux
« savons destinés aux blanchisseuses, teintures et
« dégraissages, et non à la fabrication des savons de
« luxe et de toilette.

« Art. 7. — Notre grand juge, etc., etc. »

La savonnerie Marseillaise employait alors :

138,600 quintaux métriques huile d'olive.
120,000   »   »   soude.

Et produisait :

240,000 quintaux métriques de savon.

A peu près à la même époque eut lieu une des découvertes les plus importantes de la science moderne.

L'isolement politique de la France au milieu des contrées de l'Europe la réduisait à ses propres ressources ; l'état de guerre avait porté le prix des soudes naturelles d'Espagne à fr. 100 et 120 le quintal table, et celles récoltées en France ne suffisaient pas à la savonnerie ; mais le besoin ne tarda pas à électriser le génie de nos savants (1) ; pendant que, sous l'influence du blocus

(1) « On n'a peut-être pas assez remarqué que les guerres qui ont agité la fin du dernier siècle et le commencement de celui-ci, ont été plus fécondes en grandes découvertes que les quarante années de

continental, naissait la *sucrerie de betterave*, *Leblanc* inventait la *soude artificielle*.

Le procédé de Leblanc consiste à convertir préalablement le sel marin en sulfate de soude au moyen de l'acide sulfurique.

A convertir ensuite le sulfate en *carbonate*, en chauffant dans un four à reverbère un mélange de sulfate de soude, de calcaire et de houille dans les proportions suivantes :

Sulfate de soude.....   1,000 kilog
Carbonate de chaux..   1,000 »   produisant
Houille...........   500 »

1,530 kilogrammes carbonate de soude.

Cette admirable découverte n'eut pas d'abord tout le succès qui lui était dû. Les fabricants de savon avaient une certaine répugnance à employer un produit qu'ils ne connaissaient pas, et de 1793 à 1807, l'infortuné Leblanc, luttant contre des préjugés, employa toute sa fortune à

paix qui les ont suivies. La machine à vapeur de Watt, la télégraphie, les aérostats, la pile voltaïque. le bateau de Fulton, toutes les belles découvertes de la physique, de la chimie, de la mécanique moderne. la constitution même de ces sciences, complètement renouvelées. s'effectuaient pendant que l'Europe entière était en armes.

« M. RAMPAL. »

créer et à perfectionner une industrie qu'il ne devait pas voir prospérer. — Réduit au désespoir par la plus profonde indigence, il se donna la mort au moment où le gouvernement, reconnaissant trop tard ses services, lui votait une pension.

Après lui, Chaptal, Bertholet, Clément, Désormes et Gay-Lussac se mirent à l'œuvre, et ce ne fut qu'à grand peine qu'ils triomphèrent de la routine et de la méfiance.

En effet, le préjugé qui pesait sur les soudes factices et qui tendait à les repousser des savonneries, était si généralement répandu que la Chambre de commerce de Marseille écrivait, le 9 décembre 1814 : « On verra tôt ou tard « en France les savons fabriqués avec des soudes arti- « ficielles abandonnées. »

On s'imaginait que le savon fait avec cette soude gâtait le linge et nuisait à la santé de ceux qui l'employaient.

L'erreur fut encore plus loin : les paysans se figurèrent que les fabriques de soude repoussaient les nuages et empêchaient la pluie. — Cette croyance s'était tellement répandue qu'on fut obligé, en 1815 et 1816, de faire cantonner des troupes pendant quelque temps à Septèmes pour préserver d'une destruction presque certaine les usines situées dans cette localité.

On finit par reconnaître les réels avantages qu'offrent

la soude artificielle, et cette industrie prit graduellement un immense développement (1).

L'invention de Leblanc a eu non seulement pour effet d'affranchir la France d'un tribut étranger, mais elle a été particulièrement utile à nos contrées en offrant un débouché à un produit naturel de nos côtes, le sel marin, à nos roches calcaires et à nos mines de lignites. — De plus, fournissant pour base à la fabrication du savon un produit plus pur que les soudes naturelles (2), exempt de tout alcali déliquescent, la soude factice a permis de mélanger à l'huile d'olive, l'huile d'*œillette* dont la culture avait pris naissance à la même époque dans les dépar-

(1) La production des usines de soude était en :

1810............	18,933	quintaux métriques.
1812............	53,563	—
1814............	69,938	—
1816............	129,031	—
1818............	155,088	—
1822............	200,000	—
1824............	237,000	—
1826............	249,000	—
1828............	300,000	—

De 1828 à 1837, la production a peu varié.

De 1837 à 1841, il a été produit. année moyenne, 333.690 q. m.

La production est actuellement de 400.000 q. m.

(2) On sait que les soudes naturelles contiennent de notables proportions de potasse. et que cet alcali a la faculté de produire. par sa combinaison avec les corps gras. un savon peu consistant.

tements du nord de la France et qui, pendant plus de trente ans, fut le seul auxiliaire de l'huile d'olive.

Ainsi, l'agriculture et la science se sont venues en aide dans un but doublement utile d'abaissement de prix et d'amélioration de qualité.

Sous l'égide de la législation impériale et avec les nouveaux moyens dont elle pouvait disposer, la savonnerie conserva une certaine activité pendant les dernières années de l'Empire et maintint dans notre ville un mouvement commercial et industriel qui lui était refusé par les autres branches de son commerce.

La Restauration, en apportant la paix en Europe, vint ranimer la confiance. L'aisance et le bien-être se répandirent progressivement dans les populations et toutes les industries y trouvèrent successivement un accroissement de débouchés.

La savonnerie, toujours régie par les décrets de 1811 et 1812, sagement maintenus par la Restauration, et en possession du drawback, s'est élevée à cette époque à un degré de prospérité qui n'a pas été dépassé. Les années 1828 et 1829 lui furent surtout favorables à cause de l'abondance des récoltes d'huile d'olive dans le bassin de la Méditerranée (1). Malgré les droits élevés qui grevaient

1) En 1828-29, il arriva sur le marché de Marseille plus de 500,000 milleroles d'huile d'olive, soit 320,000 hectolitres.

alors l'huile étrangère à son entrée en France (fr. 25 les 100 kilogr. par navires français), le prix du savon bleu-pâle marbré tomba à fr. 27 le quintal table, à la consommation.

Aucun similaire ne pouvait entrer en concurrence à des prix pareils , et le *monopole* qu'exerçait alors Marseille , fondé à la fois sur la *supériorité* et le *bon marché* de son produit, était aussi *légitime* que *motivé*.

La production de la savonnerie marseillaise s'éleva au chiffre de *soixante millions de kilogrammes*, d'une valeur de *cinquante millions* de francs.

La révolution de 1830 n'apporta qu'un temps d'arrêt assez court aux affaires commerciales, et l'élan qui avait été donné par quinze années de paix à l'activité générale, se continua sous le règne de Louis-Philippe. Rien n'était changé aux principes économiques qui dirigeaient le gouvernement, et le système protectionniste régnait dans toute sa vigueur ; seulement, des besoins nouveaux se manifestaient sourdement et faisaient pressentir des changements inévitables.

Dès 1834, la culture de la betterave dans le nord devint tellement envahissante que celle de la graine d'œillette fut négligée et que nos usines furent exposées à manquer de cet utile auxiliaire. On dut recourir aux *graines de lin* de la Baltique, et surtout de l'Égypte et de la mer Noire, pour suppléer à ce déficit. Mais l'huile de lin ne pouvant avoir en savonnerie qu'un emploi assez borné à cause de l'odeur et de la couleur qu'elle imprime au produit, on rechercha si d'autres graines oléifères ne donneraient pas une huile plus convenable à notre industrie.

On se souvint du *sésame*, connu dans tout l'Orient depuis un temps immémorial, et la culture de cette graine fut d'abord essayée en Egypte. Les premiers essais ayant réussi, les champs de l'Egypte, de l'Anatolie, de la Roumélie, puis ceux de la Karamanie, de la Syrie et de la Palestine se couvrirent de sésames.

Quelques années plus tard, cette culture s'introduisit dans l'Inde et dépassa bientôt en importance celle des provinces turques et égyptiennes.

Pendant que la graine de sésame se récoltait ainsi aux deux extrémités de l'Asie et sur les bords du Nil, une autre graine oléagineuse, l'*arachide*, était recueillie sur les côtes occidentales d'Afrique et venait fournir à la navigation et à l'activité nationale de nouveaux éléments de travail et de fortune.

Mentionnons encore les huiles de *palme*, de *palmiste*, de *coco*, *copra* et de *coton*.

En même temps, une invention importante, celle des bougies stéariques, faite en 1832, par M. Demilly, donnait naissance à une matière première nouvelle : l'*oléine*.

Le commerce mit une telle ardeur à aller sur tous les points du globe rechercher les graines oléifères, qu'il fallut élever de nombreuses usines pour les convertir en huiles, et que cette industrie nouvelle, fille de la savonnerie, comme son aînée, l'industrie des produits chimiques, prit en quelques années un développement considérable. (L'huilerie triture actuellement de douze à treize cent mille quintaux métriques de graines de toute espèce par an.)

Cette multiplicité de corps gras, de nature si différente, pouvant produire des savons de qualités si diverses, devait modifier profondément les conditions de l'ancienne savonnerie marseillaise. C'est ce qui ne tarda pas d'arriver : des fabriques de savon, *façon Marseille*, s'établirent à Paris, à Rouen, à Nantes, et des essais d'autres sortes de produits furent tentés sur tous les points de la France.

Alors commence l'ère nouvelle et réellement laborieuse de la véritable savonnerie marseillaise.

Obligée de faire un choix dans les nouvelles matières premières et de se restreindre presque aux seules huiles de sésames et d'arachides, pour conserver à son produit toutes ses qualités primitives, elle voit les matières d'un prix inférieur passer aux mains de ses concurrents et donner naissance aux produits les plus divers. Bien plus, la réglementation qui l'a maintenue jusqu'alors dans la voie des bons procédés et d'une loyale fabrication, menace d'être impuissante à la protéger.

C'est surtout à partir de 1848 que ces idées nouvelles prennent de la consistance, et elles trouvent enfin leur entière satisfaction dans le *traité de commerce avec l'Angleterre*, en 1860.

Lors de l'Exposition universelle de 1855, nous avons pu constater que la savonnerie marseillaise produisait encore 60 millions de kilogrammes de savon, d'une valeur de 50 millions de francs, et qu'elle tenait le premier rang parmi toutes les fabrications de l'Europe, sous le rapport de la qualité, puisqu'elle obtint la *seule médaille d'or* accordée à cette industrie.

Mais le chiffre de sa production était le même qu'en 1829 !!

Ne pas progresser dans cette période de 26 ans, pendant laquelle toutes les consommations s'étaient développées en France dans une si forte proportion, n'était-ce pas la preuve irrécusable d'un état de malaise et de stagnation?

La consommation s'était évidemment divisée, et tout l'excédant s'était porté sur les produits nouveaux en faveur desquels la concurrence faisait valoir les promesses les plus séduisantes de *progrès* et de *bon marché*.

Nous allons examiner si ces promesses étaient réelles, et si le public n'a pas été plus ou moins dupe d'un engoûment momentané. Pour cela, Messieurs, j'ai besoin d'entrer dans quelques détails *sur le procédé de notre fabrication* et de le comparer avec les *divers procédés* mis en usage par les *prétendus novateurs*.

La fabrication du savon a, comme beaucoup d'autres industries, atteint un haut degré de perfection en devançant l'intervention de la science. Les opérations de la savonnerie, reléguées dans les ateliers et se transmettant par tradition, étaient encore peu connues des savants à l'époque où Macquer écrivait son *Dictionnaire de chimie*, en 1778, et pourtant, comme vous venez de le voir, l'industrie marseillaise était alors en pleine activité et ses produits étaient déjà l'objet d'une consommation considérable. Les principes du savon étaient connus et le mode de sa fabrication à froid ou à chaud parfaitement décrit, mais *sa nature chimique* était ignorée.

C'est M. Chevreul qui, le premier, nous a enseigné la constitution chimique du savon.

Il nous a appris que l'huile d'olive et les autres huiles végétales, le suif, le saindoux, en un mot TOUS LES CORPS GRAS NEUTRES, sont *insolubles dans les lessives alcalines* et *insolubles* également dans l'*alcool*, mais que lorsqu'ils ont été modifiés dans leur nature intime, soit par l'action d'un acide ou même par la simple action du feu, ils sont transformés en ACIDES GRAS *solubles* dans les lessives alcalines et dans l'alcool. Ces acides gras diffèrent des corps gras *neutres*, qui les ont produits, par leur composition chimique et tout corps gras neutre se dédouble :

En ACIDES GRAS SAPONIFIABLES et en GLYCÉRINE, ou *principe doux des huiles*.

Cette théorie, une fois connue, l'art du savonnier a été fixé.

Un savon, formé d'un acide gras et d'un alcali, n'est pas un simple MÉLANGE, mais une COMBINAISON dans des proportions définies et fixées par les affinités chimiques.

Pour apprécier un procédé de fabrication, il ne s'agit plus que d'examiner s'il réalise le plus complètement possible le résultat déterminé.

Le savon, à l'état de sel, doit être parfaitement neutre, c'est-à-dire sans excès d'aucun de ses éléments ; il ne doit contenir qu'une proportion d'eau normale, qu'on peut appeler *eau de constitution*, et quelques traces seulement de glycérine provenant du dédoublement des huiles, quelques traces de sels divers provenant de la soude.

Sous aucun prétexte, on ne peut admettre une quantité d'eau qui dépasse la proportion normale, ou des matières étrangères aux éléments constitutifs.

Le savon, dit de Marseille, remplit exactement ces conditions, et les procédés les plus exacts de laboratoire le fournissent difficilement plus parfait et plus pur que le procédé marseillais, dit *à la grande chaudière par liquidation*.

Le produit obtenu est d'une uniformité presque absolue et peut être défini : *un oléo-margarate* de soude à 16 équivalents d'eau, soit :

Acides oléique et margarique..	60
Soude combinée............	7
Eau....................	33
	100

La fabrication du savon de Marseille consiste donc à mettre graduellement en présence de l'huile assez de lessive de soude pour en déterminer le dédoublement et la saturation.

Dans la première opération, dite *empâtage*, le corps gras est émulsionné par une lessive de soude à 10° avec ébullition prolongée.

Lorsque l'émulsion est complète, que la pâte est homogène et suffisamment serrée pour ne laisser paraître aucun indice de corps gras non amalgamé, on introduit une lessive alcalino-salée de 15 à 18° et on arrête le feu.

Le sel sépare la pâte de son excès d'eau et des divers corps qu'elle contient. La partie liquide ainsi séparée, étant plus lourde que la pâte, tombe au fond de la chaudière et est rejetée au dehors. C'est le *relargage*.

La pâte, ainsi dégagée, devient apte à recevoir des lessives, toujours alcalino-salées, de 25 à 27° jusqu'à saturation complète. C'est la *coction*.

Enfin, l'impossibilité matérielle, quand on agit sur de grandes masses, d'arriver à une saturation complète sans tâtonnement (1), nécessite l'emploi d'un excès de lessive dont il faut dépouiller le savon. C'est la raison d'être de l'opération qui a reçu le nom de :

Levée de cuite, s'il s'agit de savon marbré ;

Liquidation, s'il s'agit de savon blanc.

Au moment de la levée de cuite, la pâte du savon marbré présente une couleur bleu-grisâtre, parce qu'on a eu soin d'introduire, au moment de l'empâtage, quelques kilogrammes de sulfate de fer, dans le but de faire ressortir la *marbrure*.

On ajoute des lessives successivement plus faibles et l'on brasse fortement jusqu'à ce que le grain soit suffi-

____

(1) Une cuite se compose de 14.000 kilogrammes.

samment tuméfié et indique que l'eau normale de composition est absorbée.

Il y a un point à saisir en deçà et au-delà duquel il y a
insuccès manifeste et ruineux pour le fabricant.

La *liquidation* du savon blanc se fait comme suit :

Lorsque, par des additions de lessives faibles, on fait
descendre à 10° le titre de la lessive qui imprègne la
pâte, la marbrure ne peut plus se produire, parce que la
portion dissoute tombe au fond de la chaudière, entraî-
nant avec elle toutes les matières étrangères et colorantes
et constitue ce qu'on appelle le *gras*.

Le restant de la pâte, ainsi purgé, n'est ni soluble ni
même miscible avec le gras, et c'est une erreur de croire
que la précipitation des parties colorantes soit détermi-
née par dilution du savon dans l'eau. Tant que la lessive,
sur laquelle nage le savon, n'est pas trop affaiblie, l'hy-
dratation de la pâte ne varie que dans d'étroites limites
(31 à 33 pour 100), et si l'on tente de l'augmenter par
des affusions d'eau, bien loin de déposer le peu de sul-
fure de fer qui la colore, la lessive *envisque* le savon, c'est-
à-dire le convertit en une masse gélatineuse qui ne lais-
serait pas même précipiter des grains de sable.

Les phénomènes que présente le savon en passant par
les trois états de : *Savon liquidé, savon dissout* ou *gras,
savon envisqué*. sont tous distincts et bien caractérisés.

Le savon passe de l'un à l'autre sans transition et non pas graduellement, ce qui exclut la possibilité de laisser involontairement plus ou moins d'eau dans le savon blanc fabriqué d'après le procédé marseillais.

Ce mode de fabrication indique le but qu'on a voulu atteindre, c'est-à-dire la réalisation d'un produit franc et loyal, dégagé même des impuretés inhérentes aux matières employées et sans possibilité de fraude, autrement que par la volonté expresse du fabricant.

Il n'y a pas d'excuses à chercher dans l'insuccès du procédé. Celui-ci n'en comporte pas. Si le savon blanc a été liquidé et levé sur son gras, il ne contiendra invariablement que son eau de composition normale, soit 32 à 33 p. 100, et pour lui faire absorber un excédant d'eau, il faut, une fois l'opération terminée, transvaser la pâte dans une autre chaudière, et, par des manipulations entièrement étrangères au procédé, la surcharger de cet excédant.

Dans le savon bleu-pâle, la réussite de la marbrure constate d'une manière certaine qu'il n'y a pas surabondance d'eau. Cette garantie contre la fraude n'a pas peu contribué à le répandre dans le public, car il porte ainsi avec lui, dans la marbrure, *le cachet et la preuve* de sa loyale fabrication.

Tel est l'exposé succinct du procédé de fabrication du

savon marbré et du savon blanc de Marseille. En voici les analyses :

<table>
<tr><td colspan="3">SAVON MARBRÉ.</td><td colspan="3">SAVON BLANC.</td></tr>
<tr><td>Corps gras...</td><td>57 »</td><td rowspan="2">64 »</td><td>Corps gras...</td><td>59 »</td><td rowspan="2">65 80</td></tr>
<tr><td>Alcali.......</td><td>7 »</td><td>Alcali.......</td><td>6 80</td></tr>
<tr><td>Eau.........</td><td>34 »</td><td rowspan="2">36 »</td><td>Eau.........</td><td>33 20</td><td rowspan="2">34 20</td></tr>
<tr><td>Sels divers...</td><td>2 »</td><td>Sels divers...</td><td>1 »</td></tr>
<tr><td></td><td>100 »</td><td></td><td></td><td>100 »</td><td></td></tr>
</table>

Personne mieux que M. Thénard ne devait connaître cette théorie ; comment donc a-t-il laissé insérer dans ses œuvres l'analyse d'un savon blanc, qu'il appelle de Marseille, et dans laquelle il accuse 45 p. 0/0 d'eau ?

Evidemment c'était du savon fraudé, — peut-être ve_ nant de Marseille, mais n'ayant aucun rapport avec le véritable savon blanc liquidé.

Nous insistons sur ce point, parce que le respect qui s'attache naturellement au nom de M. Thénard, donne à cette analyse une consistance fàcheuse, et qu'à chaque affaire litigieuse nous avons entendu invoquer cette autorité.

Comparons maintenant avec le procédé marseillais les nouvelles méthodes dites *du Progrès*.

Ainsi que nous l'avons démontré, d'un côté, recherche minutieuse de tous les moyens qui peuvent assurer la création d'un produit pur et dont la valeur peut être contrôlée. De l'autre, au contraire, comme on va le voir, renversement de tous les principes et remplacement de la *matière utile* par la plus grande quantité possible d'*ingrédients inertes*.

En effet : *Savon unicolore d'empâtage à froid*, qu'on produit avec une lessive alcaline de soude concentrée et dans lequel on retient, au bénéfice du poids, toutes les impuretés des matières constituantes et un excédant de carbonate de soude non combiné qui détériore les tissus.

Savon blanc ou jaune, dit d'*augmentation*, dans lequel on introduit le plus d'eau possible en dehors de la quantité normale. On peut en ajouter tant qu'on veut sans que l'aspect du produit en souffre, *au moment de la livraison*, mais à mesure qu'il vieillit, il se racornit, et donne naturellement un déchet considérable.

Ces defauts, par trop apparents, ont suggéré l'idée de la troisième qualité de savon du progrès, *dit au talc, au sulfate de barite*, ou toute autre matière terreuse.

Remplacer l'eau qui s'évapore par un corps inrrte qui ne s'évapore pas, c'était éviter les inconvénients signalés plus haut ; mais il est facile de voir combien cet avantage est illusoire pour le consommateur, car les éléments utiles du savon n'en sont pas moins remplacés par des éléments inutiles, nuisibles même.

Tout le prétendu progrès, réalisé dans l'industrie du

savon, réside dans ces trois modes de fabrication, et, il faut bien le dire, ils n'ont pas même le mérite de la nouveauté. Vous l'avez vu, Messieurs, dans l'historique; dès l'origine de la savonnerie, à côté du produit loyal, il y a eu de mauvais savons, augmentés d'eau ou surchargés de matières terreuses, d'après les mêmes méthodes qu'on ressuscite aujourd'hui.

Si nous étudions la marche de la savonnerie anglaise, nous trouvons des faits analogues à ceux qui se sont produits dans les autres pays, mais qui proviennent d'une autre cause. La savonnerie anglaise doit en grande partie son perfectionnement à l'application d'un droit fixe, *dit d'excise*, qui a pesé longtemps sur elle. Ce droit, assez élevé et invariable, frappait également tous les savons et nécessitait de la part des agents du fisc une surveillance incessante qui les faisait assister à la plupart des opérations de la fabrication. La fraude était ainsi presque impossible, et, dans tous les cas, nullement profitable, puisque la proportion du droit augmentait en raison de l'abaissement de la qualité. Aussi, malgré les entraves réelles qui lui étaient imposées, jamais la fabrication anglaise n'a été plus florissante et plus régulière. La suppression du droit d'excise a changé complètement cet état de choses, et, à partir de ce moment, l'industrie anglaise a suivi, comme les autres, la pente fatale sur laquelle il est si facile de se laisser entrainer. Mais nos voisins sont plus habitués que nous à se défendre par eux-mêmes et savent soutenir les bons produits par une préférence intelligente. De leur côté , les corps constitués ne laissent échapper aucune occasion d'éclairer l'opinion et de ramener l'industrie dans la voie des saines méthodes.

Dernièrement, la Chambre de Commerce de Manchester, ayant appris que des plaintes s'étaient élevées dans l'Inde sur la qualité des cotonnades expédiées d'Angleterre, a nommé une commission pour rechercher les causes de cette détérioration. Elles les a trouvées dans la mauvaise qualité des savons employés au blanchissage de ces cotonnades; elle s'est empressée de donner la plus grande publicité à ce fait et le *Moniteur français* a cru devoir le reproduire dans l'intérêt de nos fabricants d'étoffes. Nous y avons lu avec une vive satisfaction les mêmes principes que nous avons soutenus nous-mêmes, et qui se résument dans la définition suivante :

« *Le bon savon anglais* , dit la Commission de Manchester, *n'est pas un amalgame de suif, d'eau et d'alcali dans des proportions quelconques; c'est, au contraire, un composé chimiquement défini: il contient 33 0/0 d'eau, 60 0/0 de suif et 7 d'alcali.* »

Tel est le *savon normal*, en Angleterre comme en

France, qu'il soit composé de suif ou d'huiles végétales.

En dehors de ce type, il n'y a plus que des produits défectueux dans lesquels tout l'art moderne consiste à faire entrer le plus possible de matières inertes au détriment des matières utiles.

Je n'ai pas besoin de prouver qu'une quantité d'eau excédant la proportion normale ne peut avoir aucun rôle utile dans l'usage du savon.

En est-il autrement des matières terreuses? Sont-elles susceptibles de se saponifier ? — Evidemment, non. — Qu'on mette du talc, du carbonate de chaux ou du sulfate de barite en contact avec une solution alcaline, il n'en sortira aucune combinaison possible.

Soutiendra-t-on qu'elles ont une utilité dans l'action du lavage? — Qu'on les emploie alors isolément.— Le consommateur trouvera bien mieux son compte à les payer à leur valeur, soit 5 à 10 fr. les 100 kil., qu'au prix du savon 70 fr. au moins.

Il suffit de rapprocher les deux derniers chiffres (10 fr. et 70 fr.), pour faire comprendre le véritable et seul motif de cette introduction frauduleuse. Le progrès consiste à vendre 70 fr. une matière qui en vaut 10 au plus; mais on nous concèdera que le consommateur n'a pas lieu d'en être très reconnaissant.

L'avantage des matières terreuses sur l'eau c'est qu'elles ne s'évaporent pas. Ainsi, jusqu'au dernier moment, le savon au talc, au sulfate de barite, conserve son excédant de poids frauduleux et présente toujours la même perte au consommateur.

Tout le monde sait que le savon loyalement fabriqué s'améliore en vieillissant, parce qu'en perdant, par l'évaporation naturelle, quelques pour cent de son eau de constitution, il acquiert plus d'efficacité sous un moindre volume, et le consommateur qui l'achète au poids, en reçoit toujours pour son argent.

Rien de pareil n'a lieu avec le savon mélangé de substances terreuses, dont la proportiou augmente au contraire à mesure qu'il vieillit et diminue encore son effet utile.

Cette fraude établissait entre les fabricants une trop grande inégalité pour ne pas jeter la perturbation dans l'industrie, et des procès, dont nous parlerons plus bas, sont venus la signaler à la justice et au public. Depuis lors, elle n'a pas été arrêtée, mais elle a été forcée de s'avouer, et le *savon bariteux, le savon au talc* ont pris place dans le commerce.

Cette estampille est-elle une garantie pour le consommateur ? — Nous ne le croyons pas. — En effet, elle n'indique nullement la proportion du mélange et ne permet pas au consommateur de constater si elle correspond à la réduction de prix qui lui est faite. Il y a d'ailleurs une raison concluante pour admettre que le consommateur doit toujours être lésé dans ce calcul. S'il en était autrement, le fabricant n'aurait aucun intérêt à ajouter cet ingrédient, qui est sans utilité pour la confection de son produit, et il cesserait d'en introduire.

Le public doit bien se convaincre que tant qu'on mettra du talc, du sulfate de barite, ou toute autre matière terreuse dans le savon, il y aura avantage à le faire, et que l'apparence du bon marché offert n'atteindra jamais l'économie réalisée par le fabricant.

C'est le seul motif de l'emploi de ces ingrédients, car, sans lui, ils constitueraient un surcroît de dépenses tout à fait inutiles et qu'on ne peut admettre (1).

(1) Nous citerons, à l'appui de ce que nous avançons, la délibération prise après rapport par l'Association scientifique de France, dans la séance tenue à Marseille le 20 juin 1868. La Commission est d'avis :
« que le savon n'étant pas un *mélange*, mais une *combinaison d'acides*
« *gras*, *d'alcali* et *d'eau* dans des proportions définies, toute introduc-
« tion de matière inerte ou tout excès d'eau est une altération fâcheuse
« et préjudiciable aux intérêts du consommateur.

« Que le talc, le sulfate de barite, le carbonate de chaux ou tout
« autre corps terreux, ne peuvent avoir aucune action *détersive*, mais
« simplement une action *mécanique* et de *frottement*, qui a nécessai-
« rement pour effet de *détériorer* les tissus.

« Qu'en conséquence, le résultat évident de ces mélanges est de

Prenons, du reste, des chiffres pour preuve de ce que nous avançons, et servons-nous des prix fournis par nos concurrents eux-mêmes :

« substituer à un produit utile une substance *nuisible* et *sans*
« *valeur*.

« 2° Que ces procédés de fabrication compromettent gravement les
« intérêts de la plus importante industrie marseillaise et de toutes
« celles qui s'y rattachent.

« Qu'en conséquence, il appartient à l'Association scientifique de
« France, gardienne des vrais principes de la science et de ses appli-
« cations, d'éclairer le public sur ses véritables intérêts et de venir en
« aide aux industries nationales qui pourraient être menacées dans
« leur avenir. »

> *Signés :* MERMET, professeur de physique et de chimie au Lycée de Marseille , président de la Commission.
>
> Le Dr ROUSSET, professeur à l'Ecole de méde-cine de Marseille , chargé d'un cours de chimie analytique à la Faculté des sciences de Marseille.
>
> J.-A. MARQUIS, fabricant de savon à Marseille.

« Toutes ces conclusions ont été adoptées à l'unanimité. »

> Les Membres du Comité d'administration de l'Association scientifique de France :
>
> MM. MORREN, *Président.*
> L'abbé AOUST, *Conseiller.*
> Ch. LESPÈS, *Secrétaire.*

<table>
<tr><td colspan="4">SAVON MARBRÉ SANS MÉLANGE</td><td></td><td colspan="4">SAVON MÉLANGÉ AU TALC</td></tr>
<tr><td colspan="4" align="center">76 fr. les 100 kil.</td><td></td><td colspan="4" align="center">74 fr. les 100 kil.</td></tr>
<tr><td>Eau</td><td>34</td><td>»</td><td rowspan="2">} 36 »</td><td></td><td>Eau</td><td>30</td><td>»</td><td rowspan="3">} 47 50</td></tr>
<tr><td>Sels divers</td><td>2</td><td>»</td><td>Matiè^{res} organ.</td><td>2</td><td>»</td></tr>
<tr><td>Alcali</td><td>7</td><td>»</td><td rowspan="2">} 64 »</td><td>Talc</td><td>15 50</td><td></td></tr>
<tr><td>Corps gras</td><td>57</td><td>»</td><td>Alcali</td><td>5 75</td><td></td><td rowspan="2">} 52 50</td></tr>
<tr><td></td><td></td><td></td><td></td><td>Corps gras</td><td>46 75</td><td></td></tr>
<tr><td></td><td colspan="2" align="center">100 »</td><td></td><td></td><td colspan="2" align="center">100 »</td></tr>
</table>

Le savon au talc se vendant à deux francs de moins que le savon marbré, et une cuite se composant de 14,000 kil., il y a économie apparente de 280 fr. par cuite. Nous disons apparente et nous allons le prouver.

Le savon marbré contient 36 0/0 de matières inertes, et le savon au talc 47.50; si nous faisons la différence, nous trouvons un excédant de 11.50 de matières inertes contenues dans le savon au talc. $11.50 \times 14\,000$ kil., représentant une cuite $= 1,610$ kil. de matières inertes qui se vendront au prix du savon et profiteront de la différence entre le prix de ce dernier et celui du talc.

En prélevant 14 fr. sur 74 (prix du savon au talc), pour la valeur du talc et des frais de cet amalgame, il reste encore fr. 60 de bénéfice $\times 1,610$ kil., soit 966 fr. par cuite.

D'un côté, donc 280 fr. au bénéfice du consommateur, de l'autre, 966 fr. au profit du fabricant, soit 686 fr. de bénéfice illicite, en sus du bénéfice ordinaire de fabrication, bénéfice prélevé sur la crédulité du public et dont une partie sert à payer la connivence de l'épicier (1).

C'est ici le cas, Messieurs, de faire ressortir la différence qui existe entre le premier acheteur, l'ÉPICIER et le VÉRITABLE CONSOMMATEUR.

Dans le début de ses rapports avec les épiciers, la savonnerie marseillaise n'a pas eu à se louer d'eux.

Intermédiaires sans responsabilité directe, ils tiennent plutôt à augmenter leurs bénéfices qu'à surveiller la bonne qualité des marchandises qu'ils débitent. Aussi, sont-ils constamment à la recherche du fabricant le plus disposé à faire de larges concessions sur le prix de ses produits, se réservant la liberté d'en faire profiter ou non leurs acheteurs. La marchandise qu'ils ont acquise au plus bas prix est celle qu'ils sont le plus intéressés à faire valoir pour en obtenir le plus large débit. Ils deviennent ainsi les complices intéressés des fabricants, et *c'est ce qui explique la prompte faveur de tant de produits de mauvais aloi.*

---

(1) Economie apparente du savon au talc sur une cuite :

$$47\ 50 - 36 = 11\ 50,\ \text{soit}\ \frac{14,000\ \text{k}^{os}}{100 \times 2} = \text{fr. } 280$$

14,000 k^{os} × 11 50 = 1,610 k^{os} de matières inertes.

1,610 k^{os} × 60' = 966' — 280 = 686 fr.. bénéfice résultant de l'emploi du talc.

Cette malheureuse tendance de l'industrie savonnière s'est produite d'abord en dehors de Marseille et n'a pénétré que difficilement dans nos murs. Nos fabricants ont résisté quelque temps, mais ils ont fini par succomber. Pour lutter à armes égales contre leurs confrères étrangers, quelques-uns n'ont pas craint de recourir aux mêmes moyens et non seulement d'additionner d'eau et de terre les *savons blancs*, mais encore d'introduire des matières inertes dans les *savons marbrés*. Ils ont ainsi compromis le type de notre fabrication locale qu'ils auraient dû s'appliquer à conserver dans toute sa pureté. Cet engoûment pour les produits inférieurs n'aurait eu qu'un temps, temps d'épreuve sans doute, dont ils auraient été largement rétribués en voyant retourner à eux les consommateurs détrompés par l'expérience.

Tout a malheureusement concouru au développement de l'industrie *prétendue progressive* au détriment de la *savonnerie marseillaise.*

Les corps gras employés par cette dernière étaient encore grevés de droits de douane, alors que ceux employés par la fabrication des produits unicolores en étaient affranchis depuis longtemps. Un rapide aperçu des derniers tarifs vous en convaincra.

Un droit de 6 fr. (1) par 100 kilog. sur les huiles d'o-

____

(1) Le droit de 6 francs étant perçu sur le brut, et la production de

live étrangères, a continué à être perçu jusqu'au 1ᵉʳ février **1864**, et ce n'est qu'à dater de cette époque qu'il a été réduit à 3 fr. pour les huiles du royaume *d'Italie seulement.*

Cette réduction partielle ne nous fut pas d'une grande utilité, car, les seules huiles d'Italie employées en savonnerie sont les huiles grasses, dites *ressences* ou *raffinées.* Toutes les autres (et c'est la majeure partie), sont des huiles comestibles et lampantes.

Les huiles de Tunis, de la Grèce et des échelles du levant, n'ont été réduites à 4 fr. qu'en **1866**.

100 kilog. de savon exigent l'emploi de 50 kilog. de soude brute. D'un autre côté, 100 kilog. de soude brute nécessitent 57 kilog, de sel ; donc, 100 kilog. de savon exigent l'emploi de la moitié de 57 kil. de sel et payaient par conséquent au trésor la moitié du droit de 57 kilog., soit 2 fr. 85 cent.

La franchise du droit sur le sel (1), n'a eu son application qu'à partir du 1ᵉʳ janvier **1863**.

Par contre, le drawback à la sortie des savons avait été brusquement enlevé par un décret du 24 juin **1861**.

Nous avons donc payé pendant plusieurs années des droits qui ne nous étaient pas remboursés, et nous les

---

100 kil. de savon exigeant 70 kil. d'huile, poids brut, il s'en suit que 100 kil. de savon ont acquitté jusqu'en 1864 un droit de 4 fr. 20.

(1) Le droit sur le sel était de 10 fr. par 100 kil.

payons encore en partie, puisque tout ce que le gouvernement a pu faire en notre faveur a été d'abaisser à 3 fr. les droits sur les huiles d'olive de quelque provenance qu'elles soient.

Le retrait du drawback n'aurait dû être que la conséquence de la suppression préalable des charges dont ce drawback n'est que la restitution. Donc, le retrait du drawback, sans la suppression des charges, est non-seulement contraire à tous les principes, mais encore en opposition formelle avec les traités belge et anglais, avec l'intention de maintenir l'égalité des charges entre les produits similaires de la France et de l'étranger et une certaine protection à notre industrie.

Aux droits de douane viennent se joindre les droits d'octroi, qui pèsent sur toutes les matières premières employées en savonnerie et qui grèvent celle-ci d'un impôt anormal de 7 à 800,000 f. par année. Ces taxes locales, perçues sur des produits non consommés sur place, mais appelés à lutter avec les similaires indemnes sur les marchés de l'intérieur et de l'étranger, constituent une anomalie déplorable, sur laquelle on ne saurait trop appeler l'attention.

Il est sans exemple, en effet, qu'une ville frappe de droits d'octroi les matières premières d'une industrie qui a fait de tout temps sa plus grande richesse.

Un pareil traitement pouvait trouver sa raison, sinon sa justification, à une époque où l'administration municipale pouvait croire que le monopole de la fabrication des savons, était acquise à tout jamais à notre ville. Mais vous venez de voir clairement, Messieurs, que la situation n'est plus la même aujourd'hui.

Ces moyens inégaux de lutte, et le malaise qui en est résulté, a motivé de plus en plus les méthodes les plus hétérogènes, et l'introduction de matières terreuses dans les savons est allée croissant.

Justement préoccupés de cet état de choses et désireux de porter remède au mal, quelques fabricants consciencieux ne craignirent pas d'attaquer devant les tribunaux ceux qui fraudaient leurs produits. Ils eurent gain de cause complet dans un premier procès plaidé à Marseille, en juin 1861, et dont les principaux considérants furent sanctionnés par la Cour d'appel d'Aix.

Mais ces tentatives restèrent sans résultat, et tout dernièrement, les mêmes fabricants, constitués en syndicat, ont de nouveau recouru à la justice.

Permettez-moi, Messieurs, d'insister quelque peu sur ce procès. C'est le dernier fait important qui se soit passé dans l'histoire de notre vieille industrie et celui qui indique clairement la nouvelle et triste phase dans laquelle elle est entrée.

Le tribunal, tout en reconnaissant que la véritable
savonnerie est la seule régulière et normale, qu'en
dehors de son procédé, il n'y a que des méthodes plus
ou moins défectueuses et des tours de main (1), déclare

(1) « Attendu qu'il a été déja déclaré et reconnu en principe par le
« tribunal, dans divers jugements rendus sur cette matière, que, d'a-
« près l'opinion des hommes les plus compétents et les réglements faits
« par l'autorité dans diverses circonstances et diverses époques, la
« pâte connue dans le commerce sous le nom de savon et destinée à
« divers emplois industriels et domestiques, ne doit et ne peut être
« composée de corps gras ou acides gras, d'alcali et d'eau dans de
« certaines proportions déterminées chimiquement, et qui leur per-
« mettent de se combiner ensemble et de se saponifier, qu'il suit de
« là que le savon est d'une qualité plus ou moins bonne suivant l'es-
« pèce, et les propriétés particulières des corps gras employés et la
« proportion dans laquelle ils sont combinés avec l'eau, l'alcali et
« enfin suivant les méthodes suivies dans la fabrication et le soin
« avec lequel il est successivement procédé aux diverses opérations
« nécessaires à la bonne fabrication ; qu'ainsi l'excès d'eau peut dans
« certains cas vicier complètement le produit et dans tous les cas ne
« sert qu'à en augmenter frauduleusement le poids sans utilité au-
« cune pour le consommateur.

« Attendu que le savon n'étant que le produit de la combinaison de
« substances saponifiables, la conséquence est que toute introduction
« de corps étrangers, de matières inertes, qui ne peuvent se combiner
« avec les corps gras et les alcalis, qui ne se saponifient point, qui de-
« meurent, au contraire, dans leur état primitif et se retrouvent par
« l'analyse, même quantité et qualité, leur introduction ne peut avoir
« aucun but utile, ne peut constituer aucun progrès dans la fabrica-
« tion du savon, puisqu'elle n'en fait point partie intégrante et con-
« tinue à y demeurer étrangère.

« Attendu que l'action détersive du savon ne doit être qu'une action dans les considérants suivants : qu'aucune loi ne prohibant la fabrication du savon avec adjonction de matières inertes, et que ce mélange étant licite, puisqu'il n'est pas prohibé par la loi, la vente ou la mise en vente des savons ainsi falsifiés, ne peut suffire pour constituer un délit.

En d'autres termes, *toutes les anciennes lois qui* régissaient la matière, sont considérées comme *lettre morte*, quoique *non abrogées*.

Toutefois, si le jugement livre ainsi le fabricant à toutes les incertitudes d'une concurrence illimitée, il lui fait entrevoir une lueur d'espérance dans la loi de 1851, qui punit le fait de tromperie sur *la quantité* de la marchandise vendue.

Si la preuve de ce fait avait été produite dans la cause

« chimique, tandis que les corps étrangers introduits dans la pâte
« agissent sur les tissus mécaniquement, ce qui est contraire au but
« que se propose le consommateur dans l'emploi du savon.

« Qu'ainsi l'introduction de ces matières inertes n'a d'autre résultat
« que d'augmenter le poids de la marchandise vendue sous le nom de
« savon, en se substituant dans une proportion plus ou moins con-
« sidérable à une quantité égale, quant an volume, mais supérieure
« quant au poids, au savon véritable, c'est-à-dire à la pâte produite
« par la combinaison chimique des matières saponifiables

« Attendu qu'ils peuvent aussi servir à dissimuler l'emploi trop con-
« sidérable de certains corps gras, et à diminuer la proportion nor-
« male de l'eau, de manière à empêcher les effets de la dessication
« des savons, en maintenant leur poids primitif, qui, en réalité, n'est
« qu'un leurre pour l'acheteur. »

dont il s'agit, non par les fabricants, mais par les acheteurs, la cause de ceux-ci aurait été favorablement accueillie et la vérité aurait triomphé. Mais les poursuivants se sont bornés à établir le fait de la falsification du produit. Ils croyaient, avec quelque raison, que si un produit, reconnu falsifié, était mis en vente et livré au consommateur, il en résultait forcément que le consommateur était trompé. Il paraît, Messieurs, que pour que cette tromperie existe, il faut que le consommateur se plaigne. Pas de plaignant direct, pas de délit. Ainsi l'a déclaré le tribunal.

Il serait oiseux de discuter plus longtemps sur la chose jugée. Entrons, au contraire, pleinement dans la voie qu'elle nous trace et cherchons quels sont les moyens à prendre pour nous défendre avec nos seules ressources.

Il résulte, bien évidemment, de tout ce qui précède, qu'il n'y a plus de fabrication exclusive, soumise à la règle d'un procédé normal, mais une industrie multiple acceptant tous les procédés, même les plus irréguliers et cherchant à attirer le consommateur vers ses nouveaux produits.

Suivant nous, le rôle de la *savonnerie vraiment marseillaise* est tout tracé au milieu de ce débordement général.

Elle a l'expérience du passé qui a vu chaque fois ce genre de liberté dégénérer en licence ; elle a la certitude de la supériorité de son produit. Elle doit donc s'efforcer de le maintenir dans son intégrité et elle ne peut manquer ainsi de se conserver une place importante dans la consommation générale.

La liberté commerciale, en affranchissant le fabricant de toute réglementation, a mis le *consommateur*, dans la nécessité de surveiller son propre intérêt. Portons donc tous nos efforts sur son éducation, généralisons, par tous les moyens possibles cet enseignement salutaire et mettons-le à même de se défendre contre les noms pompeux dont la fraude sait se revêtir.

On ne saurait trop propager des informations précises sur un objet de première nécessité, comme le savon. Par l'usage journalier qu'en fait chaque ménage, il touche à l'hygiène publique et intéresse à un haut degré l'économie domestique.

Le gouvernement, en multipliant les expositions industrielles dans les concours régionaux, et par les expositions internationales, fournit à chacun de précieux moyens d'instruction, et c'est là, en face des personnes compétentes dans tous les genres, que se classent définitivement suivant leur mérite réel et les hommes et les choses.

Dans cette ère toute nouvelle de l'industrie française, les marques de fabrique doivent acquérir une plus grande valeur.

La multiplicité des chemins de fer, en nous faisant pénétrer facilement partout, nous a permis de nous rapprocher du consommateur. Déjà, les grands dépôts sur certaines places de l'intérieur ont été supprimés pour les savons (1). L'intervention des commissionnaires a entièrement cessé. Le demi-gros, l'épicier, le consommateur lui-même, peut s'approvisionner directement en fabrique et recevoir à domicile le produit demandé.

La vérité commence à se faire jour, et nous sommes convaincus qu'elle finira par triompher, si les fabricants *marseillais* sont assez patients pour savoir attendre et assez avisés pour ne pas abandonner le drapeau de la bonne fabrication.

A cette condition seulement, ils conserveront non pas la position exceptionnelle qu'ils avaient autrefois et qui ne peut plus revenir, mais une position prépondérante et surtout éminemment honorable, car elle sera due à la supériorité de leurs produits et à la loyauté de leur procédé.

(1) Autrefois les savons étaient expédiés seulement dans quelques grands centres, tels que Paris, Rouen, Nantes, à des commissionnaires qui les répandaient de là dans toute la France.

Je terminerai, Messieurs, par un dernier fait dont j'ai été vivement frappé moi-même et qui vient à l'appui de ce que j'ai eu l'honneur d'exposer devant vous.

Il y a eu l'an dernier, à Paris, une des plus colossales manifestations de la puissance industrielle du monde.

Parmi les nombreux échantillons de savons de tous les pays, j'ai cherché avec le soin le plus minitieux, *les prétendus savons du progrès*. J'ai demandé à tous les échos : le savon augmenté d'eau, le savon au talc, au sulfate de barite, etc. Il n'en existait pas. Les noms mêmes des fabricants qui exploitent ce genre d'industrie fesaient défaut ; et, si par hasard, il s'en présentait un, il n'exposait aux regards de la foule *et à l'examen du jury* que des produits irréprochables, fabriqués pour la circonstance.

Que conclure de ce fait, Messieurs ?

Prononcez vous-mêmes.

Le progrès véritable n'a pas besoin de se cacher ; il recherche le grand jour et, loin de redouter l'examen des juges compétents, il va au-devant d'eux pour faire consacrer le mérite de ses œuvres.

Extrait du trente-deuxième volume
du *Répertoire des travaux de la Société de Statistique de Marseille*.

www.ingramcontent.com/pod-product-compliance
Lightning Source LLC
LaVergne TN
LVHW021827170726
843503LV00007B/3348